I0605953
El
MAPA®
de
ORACIÓN
para chicas
adolescentes
BARBOUR
ESPAÑOL
Un Sello de Barbour Publishing

ISBN 979-8-89151-081-4

Título en inglés: *The Prayer Map for Teen Girls*

Desarrollo Editorial por *Semantics, Inc.* semantics01@comcast.net

Publicado por Barbour Español, un sello de Barbour Publishing, Inc., 1810 Barbour Drive, Uhrichsville, Ohio 44683

Nuestra misión es inspirar al mundo con el mensaje transformador de la Biblia.

Impreso en China

¿Cómo es la oración?

¿Por qué tipo de cosas debo orar?

¿Le importan mis oraciones a Dios?

¿Escucha Él realmente cada palabra que oro?

Descubre el poder de la oración con este colorido diario creativo que te guía a crear tu propio mapa de oración, mientras escribes tus pensamientos, ideas, y listas, que puedes seguir (¡de principio a fin!) cuando hablas con Dios. (¡Asegúrate de apuntar la fecha en cada uno de tus mapas de oración para poder volver a repasarlo, y ver cómo Dios está obrando en tu vida!). ¡*El mapa de oración para chicas adolescentes* no solo te animará a pasar tiempo hablando con Dios acerca de las cosas que más importan (para ti y para Él), sino que además te ayudará a construir un hábito diario de oración ¡para toda tu vida!

Fecha:

Comienza aquí

AMADO DIOS,

Estoy agradecida por...

Mis preocupaciones...

PERSONAS POR LAS QUE ESTOY ORANDO...

ESTO ES LO QUE ESTÁ SUCEDIENDO EN MI VIDA...

Mis necesidades...

Otras cosas que necesito compartir contigo, Dios...

Amén.

¡Gracias, Dios, por escuchar mis oraciones!

«Señor, te suplico que escuches nuestra oración, pues ... nos complacemos en honrar tu nombre».

NEHEMÍAS 1:11 NTV

Fecha:

Comienza aquí

AMADO DIOS,

Estoy agradecida por...

Mis preocupaciones...

PERSONAS POR LAS QUE ESTOY ORANDO...

ESTO ES LO QUE ESTÁ SUCEDIENDO EN MI VIDA...

Mis necesidades...

Otras cosas que necesito compartir contigo, Dios...

Amén.

¡Gracias, Dios, por escuchar mis oraciones!

La oración del justo es poderosa y eficaz.

SANTIAGO 5:16

Fecha:

Comienza aquí

AMADO DIOS,

Estoy agradecida por...

Mis preocupaciones...

PERSONAS POR LAS QUE ESTOY ORANDO...

ESTO ES LO QUE ESTÁ SUCEDIENDO EN MI VIDA...

Mis necesidades...

Otras cosas que necesito compartir contigo, Dios...

"

"

Amén.

¡Gracias, Dios, por escuchar mis oraciones!

Escucha mi grito de auxilio, mi Rey y mi Dios,
porque solo a ti dirijo mi oración.

SALMOS 5:2 NTV

Fecha:

Comienza aquí

AMADO DIOS,

Estoy agradecida por...

Mis preocupaciones...

PERSONAS POR LAS QUE ESTOY ORANDO...

ESTO ES LO QUE ESTÁ SUCEDIENDO EN MI VIDA...

Mis necesidades...

Otras cosas que necesito compartir contigo, Dios...

"

"

Amén.

¡Gracias, Dios, por escuchar mis oraciones!

Oren para que el mensaje del Señor se difunda rápidamente y sea honrado en todo lugar adonde llegue.

2 TESALONICENSES 3:1 NTV

Fecha:

Comienza aquí

AMADO DIOS,

Estoy agradecida por...

Mis preocupaciones...

PERSONAS POR LAS QUE ESTOY ORANDO...

ESTO ES LO QUE ESTÁ SUCEDIENDO EN MI VIDA...

Mis necesidades...

Otras cosas que necesito compartir contigo, Dios...

Amén.

¡Gracias, Dios, por escuchar mis oraciones!

Sigue pidiendo y recibirás lo que pides; sigue buscando y encontrarás; sigue llamando, y la puerta se te abrirá.

MATEO 7:7 NTV

Fecha:

Comienza aquí

AMADO DIOS,

Estoy agradecida por...

Mis preocupaciones...

PERSONAS POR LAS QUE ESTOY ORANDO...

ESTO ES LO QUE ESTÁ SUCEDIENDO EN MI VIDA...

Mis necesidades...

Otras cosas que necesito compartir contigo, Dios...

“

”

Amén.

¡Gracias, Dios, por escuchar mis oraciones!

Escúchame cuando oro, oh Señor;
¡ten misericordia y respóndeme!

Salmos 27:7 NTV

Fecha:

Comienza aquí

AMADO DIOS,

Estoy agradecida por...

Mis preocupaciones...

PERSONAS POR LAS QUE ESTOY ORANDO...

ESTO ES LO QUE ESTÁ SUCEDIENDO EN MI VIDA...

Mis necesidades...

Otras cosas que necesito compartir contigo, Dios...

Amén.

¡Gracias, Dios, por escuchar mis oraciones!

Dedíquense a la oración con una mente alerta y un corazón agradecido.

COLOSENSES 4:2 NTV

Fecha:

Comienza aquí

AMADO DIOS,

Estoy agradecida por...

Mis preocupaciones...

PERSONAS POR LAS QUE ESTOY ORANDO...

ESTO ES LO QUE ESTÁ SUCEDIENDO EN MI VIDA...

Mis necesidades...

Otras cosas que necesito compartir contigo, Dios...

Amén.

¡Gracias, Dios, por escuchar mis oraciones!

¡Oh Señor, tú eres un Dios grande y temible! Siempre cumples tu pacto y tus promesas de amor inagotable con los que te aman y obedecen tus mandatos.

DANIEL 9:4 NTV

Fecha:

Comienza aquí

AMADO DIOS,

Estoy agradecida por...

Mis preocupaciones...

PERSONAS POR LAS QUE ESTOY ORANDO...

ESTO ES LO QUE ESTÁ SUCEDIENDO EN MI VIDA...

Mis necesidades...

Otras cosas que necesito compartir contigo, Dios...

Amén.

¡Gracias, Dios, por escuchar mis oraciones!

Pero cada día el Señor derrama
su amor inagotable sobre mí,
y todas las noches entono sus cánticos
y oro a Dios, quien me da vida.

Salmos 42:8 NTV

Fecha:

Comienza aquí

AMADO DIOS,

Estoy agradecida por...

Mis preocupaciones...

PERSONAS POR LAS QUE ESTOY ORANDO...

ESTO ES LO QUE ESTÁ SUCEDIENDO EN MI VIDA...

Mis necesidades...

Otras cosas que necesito compartir contigo, Dios...

Amén.

¡Gracias, Dios, por escuchar mis oraciones!

Le pido a Dios, fuente de esperanza, que los llene completamente de alegría y paz, porque confían en él. Entonces rebosarán de una esperanza segura mediante el poder del Espíritu Santo.

ROMANOS 15:13 NTV

Fecha:

Comienza aquí

AMADO DIOS,

Estoy agradecida por...

Mis preocupaciones...

PERSONAS POR LAS QUE ESTOY ORANDO...

ESTO ES LO QUE ESTÁ SUCEDIENDO EN MI VIDA...

Mis necesidades...

Otras cosas que necesito compartir contigo, Dios...

Amén.

¡Gracias, Dios, por escuchar mis oraciones!

«No dejes de clamar al Señor por nosotros».

1 Samuel 7:8

Fecha: Comienza aquí

AMADO DIOS,

Estoy agradecida por...

Mis preocupaciones...

PERSONAS POR LAS QUE ESTOY ORANDO...

ESTO ES LO QUE ESTÁ SUCEDIENDO EN MI VIDA...

Mis necesidades...

Otras cosas que necesito compartir contigo, Dios...

Amén.
¡Gracias, Dios, por escuchar mis oraciones!

Siempre que oramos por ustedes, damos gracias a Dios, el Padre de nuestro Señor Jesucristo.

Colosenses 1:3

Fecha:

Comienza aquí

AMADO DIOS,

Estoy agradecida por...

Mis preocupaciones...

PERSONAS POR LAS QUE ESTOY ORANDO...

ESTO ES LO QUE ESTÁ SUCEDIENDO EN MI VIDA...

Mis necesidades...

Otras cosas que necesito compartir contigo, Dios...

Amén.

¡Gracias, Dios, por escuchar mis oraciones!

En primer lugar, te ruego que ores por todos los seres humanos.

1 Timoteo 2:1 NTV

Fecha:

Comienza aquí

AMADO DIOS,

Estoy agradecida por...

Mis preocupaciones...

PERSONAS POR LAS QUE ESTOY ORANDO...

ESTO ES LO QUE ESTÁ SUCEDIENDO EN MI VIDA...

Mis necesidades...

Otras cosas que necesito compartir contigo, Dios...

"

"

Amén.

¡Gracias, Dios, por escuchar mis oraciones!

Contesta a mis oraciones, oh Señor,
pues tu amor inagotable es maravilloso.

Salmos 69:16 NTV

Fecha:

Comienza aquí

AMADO DIOS,

Estoy agradecida por...

Mis preocupaciones...

PERSONAS POR LAS QUE ESTOY ORANDO...

ESTO ES LO QUE ESTÁ SUCEDIENDO EN MI VIDA...

Mis necesidades...

Otras cosas que necesito compartir contigo, Dios...

"

"

Amén.

¡Gracias, Dios, por escuchar mis oraciones!

Y ellos orarán por ustedes con un profundo cariño debido a la desbordante gracia que Dios les ha dado a ustedes.

2 Corintios 9:14 NTV

Fecha:

Comienza aquí

AMADO DIOS,

Estoy agradecida por...

Mis preocupaciones...

PERSONAS POR LAS QUE ESTOY ORANDO...

ESTO ES LO QUE ESTÁ SUCEDIENDO EN MI VIDA...

Mis necesidades...

Otras cosas que necesito compartir contigo, Dios...

“

”

Amén.

¡Gracias, Dios, por escuchar mis oraciones!

Debido a que él se inclina para escuchar,
¡oraré mientras tenga aliento!

SALMOS 116:2 NTV

Fecha:

Comienza aquí

AMADO DIOS,

Estoy agradecida por...

Mis preocupaciones...

PERSONAS POR LAS QUE ESTOY ORANDO...

ESTO ES LO QUE ESTÁ SUCEDIENDO EN MI VIDA...

Mis necesidades...

Otras cosas que necesito compartir contigo, Dios...

"

"

Amén.

¡Gracias, Dios, por escuchar mis oraciones!

Pido en oración que, de sus gloriosos e inagotables recursos, los fortalezca con poder en el ser interior por medio de su Espíritu.

EFESIOS 3:16 NTV

Fecha:

Comienza aquí

AMADO DIOS,

Estoy agradecida por...

Mis preocupaciones...

PERSONAS POR LAS QUE ESTOY ORANDO...

ESTO ES LO QUE ESTÁ SUCEDIENDO EN MI VIDA...

Mis necesidades...

Otras cosas que necesito compartir contigo, Dios...

“

”

Amén.

¡Gracias, Dios, por escuchar mis oraciones!

«Oh Señor*, Dios de Israel, no hay Dios como tú en los cielos ni en la tierra. Tú cumples tu pacto y muestras amor inagotable a quienes andan delante de ti de todo corazón».*

2 Crónicas 6:14 ntv

Fecha:

Comienza aquí

AMADO DIOS,

Estoy agradecida por...

Mis preocupaciones...

PERSONAS POR LAS QUE ESTOY ORANDO...

ESTO ES LO QUE ESTÁ SUCEDIENDO EN MI VIDA...

Mis necesidades...

Otras cosas que necesito compartir contigo, Dios...

Amén.

¡Gracias, Dios, por escuchar mis oraciones!

De hecho, en el evangelio se revela la justicia que proviene de Dios, la cual es por fe de principio a fin,[a] tal como está escrito: «El justo vivirá por la fe».

Romanos 1:17

Fecha:

Comienza aquí

AMADO DIOS,

Estoy agradecida por...

Mis preocupaciones...

PERSONAS POR LAS QUE ESTOY ORANDO...

ESTO ES LO QUE ESTÁ SUCEDIENDO EN MI VIDA...

Mis necesidades...

Otras cosas que necesito compartir contigo, Dios...

Amén.

¡Gracias, Dios, por escuchar mis oraciones!

Hacia ti extiendo las manos;
me haces falta, como el agua a la tierra seca.

SALMOS 143:6

Fecha:

Comienza aquí

AMADO DIOS,

Estoy agradecida por...

Mis preocupaciones...

PERSONAS POR LAS QUE ESTOY ORANDO...

ESTO ES LO QUE ESTÁ SUCEDIENDO EN MI VIDA...

Mis necesidades...

Otras cosas que necesito compartir contigo, Dios...

Amén.

¡Gracias, Dios, por escuchar mis oraciones!

Bendigan a quienes los maldicen. Oren por aquellos que los lastiman.

LUCAS 6:28 NTV

Fecha:

Comienza aquí

AMADO DIOS,

Estoy agradecida por...

Mis preocupaciones...

PERSONAS POR LAS QUE ESTOY ORANDO...

ESTO ES LO QUE ESTÁ SUCEDIENDO EN MI VIDA...

Mis necesidades...

Otras cosas que necesito compartir contigo, Dios...

Amén.

¡Gracias, Dios, por escuchar mis oraciones!

Le pido a Dios que el amor de ustedes desborde cada vez más y que sigan creciendo en conocimiento y entendimiento.

FILIPENSES 1:9 NTV

Fecha:

Comienza aquí

AMADO DIOS,

Estoy agradecida por...

Mis preocupaciones...

PERSONAS POR LAS QUE ESTOY ORANDO...

ESTO ES LO QUE ESTÁ SUCEDIENDO EN MI VIDA...

Mis necesidades...

Otras cosas que necesito compartir contigo, Dios...

Amén.

¡Gracias, Dios, por escuchar mis oraciones!

Pero yo digo: ¡ama a tus enemigos!
¡Ora por los que te persiguen!

MATEO 5:44 NTV

Fecha:

Comienza aquí

AMADO DIOS,

Estoy agradecida por...

Mis preocupaciones...

PERSONAS POR LAS QUE ESTOY ORANDO...

ESTO ES LO QUE ESTÁ SUCEDIENDO EN MI VIDA...

Mis necesidades...

Otras cosas que necesito compartir contigo, Dios...

Amén.

¡Gracias, Dios, por escuchar mis oraciones!

Te alabaré entre los pueblos, oh Señor;
Cantaré de ti entre las naciones.
Porque grande es hasta los cielos tu misericordia,
Y hasta las nubes tu verdad.

SALMOS 57:9–10 RVR1960

Fecha:

Comienza aquí

AMADO DIOS,

Estoy agradecida por...

Mis preacupaciones...

PERSONAS POR LAS QUE ESTOY ORANDO...

ESTO ES LO QUE ESTÁ SUCEDIENDO EN MI VIDA...

Mis necesidades...

Otras cosas que necesito compartir contigo, Dios...

“ ”

Amén.

¡Gracias, Dios, por escuchar mis oraciones!

A ti clamaré, oh Jehová.
Roca mía, no te desentiendas de mí.

SALMOS 28:1 RVR1960

Fecha:

Comienza aquí

AMADO DIOS,

Estoy agradecida por...

Mis preocupaciones...

PERSONAS POR LAS QUE ESTOY ORANDO...

ESTO ES LO QUE ESTÁ SUCEDIENDO EN MI VIDA...

Mis necesidades...

Otras cosas que necesito compartir contigo, Dios...

Amén.

¡Gracias, Dios, por escuchar mis oraciones!

También pido en oración que entiendan la increíble grandeza del poder de Dios para nosotros, los que creemos en él.

EFESIOS 1:19 NTV

Fecha:

Comienza aquí

AMADO DIOS,

Estoy agradecida por...

Mis preocupaciones...

PERSONAS POR LAS QUE ESTOY ORANDO...

ESTO ES LO QUE ESTÁ SUCEDIENDO EN MI VIDA...

Mis necesidades...

Otras cosas que necesito compartir contigo, Dios...

Amén.

¡Gracias, Dios, por escuchar mis oraciones!

Ustedes pueden orar por cualquier cosa, y si tienen fe la recibirán.

MATEO 21:22 NTV

Fecha:

Comienza aquí

AMADO DIOS,

Estoy agradecida por...

Mis preocupaciones...

PERSONAS POR LAS QUE ESTOY ORANDO...

ESTO ES LO QUE ESTÁ SUCEDIENDO EN MI VIDA...

Mis necesidades...

Otras cosas que necesito compartir contigo, Dios...

“

”

Amén.

¡Gracias, Dios, por escuchar mis oraciones!

En tu amor inagotable, oh Dios,
responde a mi oración con tu salvación segura.

SALMOS 69:13 NTV

Fecha:

Comienza aquí

AMADO DIOS,

Estoy agradecida por...

Mis preocupaciones...

PERSONAS POR LAS QUE ESTOY ORANDO...

ESTO ES LO QUE ESTÁ SUCEDIENDO EN MI VIDA...

Mis necesidades...

Otras cosas que necesito compartir contigo, Dios...

“ ”

Amén.

¡Gracias, Dios, por escuchar mis oraciones!

En cuanto a mí, ¡qué bueno es estar cerca de Dios!
Hice al Señor Soberano mi refugio,
y a todos les contaré las maravillas que haces.

Salmos 73:28 NTV

Fecha:

Comienza aquí

AMADO DIOS,

Estoy agradecida por...

Mis preocupaciones...

PERSONAS POR LAS QUE ESTOY ORANDO...

ESTO ES LO QUE ESTÁ SUCEDIENDO EN MI VIDA...

Mis necesidades...

Otras cosas que necesito compartir contigo, Dios...

"

"

Amén.

¡Gracias, Dios, por escuchar mis oraciones!

Así que Jesús muchas veces se alejaba al desierto para orar.

LUCAS 5:16 NTV

Fecha:

Comienza aquí

AMADO DIOS,

Estoy agradecida por...

Mis preocupaciones...

PERSONAS POR LAS QUE ESTOY ORANDO...

ESTO ES LO QUE ESTÁ SUCEDIENDO EN MI VIDA...

Mis necesidades...

Otras cosas que necesito compartir contigo, Dios...

Amén.

¡Gracias, Dios, por escuchar mis oraciones!

Oh Señor*, por siempre cantaré*
la grandeza de tu gran amor;
por todas las generaciones
proclamará mi boca tu fidelidad.

Salmos 89:1

Fecha:

Comienza aquí

AMADO DIOS,

Estoy agradecida por...

Mis preocupaciones...

PERSONAS POR LAS QUE ESTOY ORANDO...

ESTO ES LO QUE ESTÁ SUCEDIENDO EN MI VIDA...

Mis necesidades...

Otras cosas que necesito compartir contigo, Dios...

“ ”

Amén.

¡Gracias, Dios, por escuchar mis oraciones!

Alaben a Dios, quien no pasó por alto mi oración ni me quitó su amor inagotable.

SALMOS 66:20 NTV

Fecha:

Comienza aquí

AMADO DIOS,

Estoy agradecida por...

Mis preocupaciones...

PERSONAS POR LAS QUE ESTOY ORANDO...

ESTO ES LO QUE ESTÁ SUCEDIENDO EN MI VIDA...

Mis necesidades...

Otras cosas que necesito compartir contigo, Dios...

Amén.

¡Gracias, Dios, por escuchar mis oraciones!

El Espíritu Santo ora por nosotros con gemidos que no pueden expresarse con palabras.

ROMANOS 8:26 NTV

Fecha:

Comienza aquí

AMADO DIOS,

Estoy agradecida por...

Mis preocupaciones...

PERSONAS POR LAS QUE ESTOY ORANDO...

ESTO ES LO QUE ESTÁ SUCEDIENDO EN MI VIDA...

Mis necesidades...

Otras cosas que necesito compartir contigo, Dios...

Amén. ¡Gracias, Dios, por escuchar mis oraciones!

Alégrense por la esperanza segura que tenemos. Tengan paciencia en las dificultades y sigan orando.

ROMANOS 12:12 NTV

Fecha:

Comienza aquí

AMADO DIOS,

Estoy agradecida por...

Mis preocupaciones...

PERSONAS POR LAS QUE ESTOY ORANDO...

ESTO ES LO QUE ESTÁ SUCEDIENDO EN MI VIDA...

Mis necesidades...

Otras cosas que necesito compartir contigo, Dios...

Amén.

¡Gracias, Dios, por escuchar mis oraciones!

Para que mi alma te cante alabanzas
y no esté callada.
Oh SEÑOR, *Dios mío, te daré gracias por siempre.*

SALMOS 30:12 NBLA

Fecha:

Comienza aquí

AMADO DIOS,

Estoy agradecida por...

Mis preocupaciones...

PERSONAS POR LAS QUE ESTOY ORANDO...

ESTO ES LO QUE ESTÁ SUCEDIENDO EN MI VIDA...

Mis necesidades...

Otras cosas que necesito compartir contigo, Dios...

Amén.

¡Gracias, Dios, por escuchar mis oraciones!

Dios mío, a ti clamo porque tú me respondes; inclina a mí tu oído y escucha mi oración.

SALMOS 17:6

Fecha:

Comienza aquí

AMADO DIOS,

Estoy agradecida por...

Mis preocupaciones...

PERSONAS POR LAS QUE ESTOY ORANDO...

ESTO ES LO QUE ESTÁ SUCEDIENDO EN MI VIDA...

Mis necesidades...

Otras cosas que necesito compartir contigo, Dios...

Amén.

¡Gracias, Dios, por escuchar mis oraciones!

...ustedes nos ayudan orando por nosotros.
Así muchos darán gracias a Dios por nosotros
a causa del don que se nos ha concedido
en respuesta a tantas oraciones.

2 Corintios 1:11

Fecha:

Comienza aquí

AMADO DIOS,

Estoy agradecida por...

Mis preocupaciones...

PERSONAS POR LAS QUE ESTOY ORANDO...

ESTO ES LO QUE ESTÁ SUCEDIENDO EN MI VIDA...

Mis necesidades...

Otras cosas que necesito compartir contigo, Dios...

“ ”

Amén.

¡Gracias, Dios, por escuchar mis oraciones!

Yo amo al Señor
porque él escucha mi voz de súplica.

SALMOS 116:1

Fecha:

Comienza aquí

AMADO DIOS,

Estoy agradecida por...

Mis preocupaciones...

PERSONAS POR LAS QUE ESTOY ORANDO...

ESTO ES LO QUE ESTÁ SUCEDIENDO EN MI VIDA...

Mis necesidades...

Otras cosas que necesito compartir contigo, Dios...

Amén.

¡Gracias, Dios, por escuchar mis oraciones!

...no he dejado de dar gracias por ustedes al recordarlos en mis oraciones.

EFESIOS 1:16

Fecha:

Comienza aquí

AMADO DIOS,

Estoy agradecida por...

Mis preocupaciones...

PERSONAS POR LAS QUE ESTOY ORANDO...

ESTO ES LO QUE ESTÁ SUCEDIENDO EN MI VIDA...

Mis necesidades...

Otras cosas que necesito compartir contigo, Dios...

Amén.

¡Gracias, Dios, por escuchar mis oraciones!

El Señor es mi fortaleza y mi escudo;
confío en él con todo mi corazón.
Me da su ayuda y mi corazón se llena de alegría;
prorrumpo en canciones de acción de gracias.

Salmos 28:7 NTV

Fecha:

Comienza aquí

AMADO DIOS,

Estoy agradecida por...

Mis preocupaciones...

PERSONAS POR LAS QUE ESTOY ORANDO...

ESTO ES LO QUE ESTÁ SUCEDIENDO EN MI VIDA...

Mis necesidades...

Otras cosas que necesito compartir contigo, Dios...

"

"

Amén.

¡Gracias, Dios, por escuchar mis oraciones!

Te alabaré para siempre, oh Dios,
por lo que has hecho.
Confiaré en tu buen nombre
en presencia de tu pueblo fiel.

SALMOS 52:9 NTV

Fecha:

Comienza aquí

AMADO DIOS,

Estoy agradecida por...

PERSONAS POR LAS QUE ESTOY ORANDO...

Mis preocupaciones...

ESTO ES LO QUE ESTÁ SUCEDIENDO EN MI VIDA...

Mis necesidades...

Otras cosas que necesito compartir contigo, Dios...

Amén.

¡Gracias, Dios, por escuchar mis oraciones!

Con grandes prodigios nos respondes en justicia,
Oh Dios de nuestra salvación,
Tú eres la confianza de todos los términos
de la tierra y del más lejano mar.

SALMOS 65:5 NBLA

Fecha:

Comienza aquí

AMADO DIOS,

Estoy agradecida por...

Mis preocupaciones...

PERSONAS POR LAS QUE ESTOY ORANDO...

ESTO ES LO QUE ESTÁ SUCEDIENDO EN MI VIDA...

Mis necesidades...

Otras cosas que necesito compartir contigo, Dios...

Amén.

¡Gracias, Dios, por escuchar mis oraciones!

Oren en el Espíritu en todo momento, con peticiones y ruegos. Manténganse alertas y perseveren en oración por todos los creyentes.

Efesios 6:18

Fecha:

Comienza aquí

AMADO DIOS,

Estoy agradecida por...

Mis preocupaciones...

PERSONAS POR LAS QUE ESTOY ORANDO...

ESTO ES LO QUE ESTÁ SUCEDIENDO EN MI VIDA...

Mis necesidades...

Otras cosas que necesito compartir contigo, Dios...

“

”

Amén.

¡Gracias, Dios, por escuchar mis oraciones!

SEÑOR de los Ejércitos,
¡dichosos los que en ti confían!

SALMOS 84:12

Fecha:

Comienza aquí

AMADO DIOS,

Estoy agradecida por...

Mis preocupaciones...

PERSONAS POR LAS QUE ESTOY ORANDO...

ESTO ES LO QUE ESTÁ SUCEDIENDO EN MI VIDA...

Mis necesidades...

Otras cosas que necesito compartir contigo, Dios...

"

"

Amén.

¡Gracias, Dios, por escuchar mis oraciones!

Siempre que oro,
pido por todos ustedes con alegría.

FILIPENSES 1:4 NTV

Fecha:

Comienza aquí

AMADO DIOS,

Estoy agradecida por...

Mis preocupaciones...

PERSONAS POR LAS QUE ESTOY ORANDO...

ESTO ES LO QUE ESTÁ SUCEDIENDO EN MI VIDA...

Mis necesidades...

Otras cosas que necesito compartir contigo, Dios...

Amén.

¡Gracias, Dios, por escuchar mis oraciones!

Cuando estén orando, primero perdonen a todo aquel contra quien guarden rencor, para que su Padre que está en el cielo también les perdone a ustedes sus pecados.

MARCOS 11:25 NTV

Fecha:

Comienza aquí

AMADO DIOS,

Estoy agradecida por...

Mis preocupaciones...

PERSONAS POR LAS QUE ESTOY ORANDO...

ESTO ES LO QUE ESTÁ SUCEDIENDO EN MI VIDA...

Mis necesidades...

Otras cosas que necesito compartir contigo, Dios...

"

"

Amén.

¡Gracias, Dios, por escuchar mis oraciones!

No se preocupen por nada; en cambio, oren por todo. Díganle a Dios lo que necesitan y denle gracias por todo lo que él ha hecho.

FILIPENSES 4:6 NTV

Fecha:

Comienza aquí

AMADO DIOS,

Estoy agradecida por...

Mis preocupaciones...

PERSONAS POR LAS QUE ESTOY ORANDO...

ESTO ES LO QUE ESTÁ SUCEDIENDO EN MI VIDA...

Mis necesidades...

Otras cosas que necesito compartir contigo, Dios...

Amén.

¡Gracias, Dios, por escuchar mis oraciones!

Pido a Dios que pongas en práctica la generosidad que proviene de tu fe a medida que comprendes y vives todo lo bueno que tenemos en Cristo.

FILEMÓN 1:6 NTV

Fecha:

Comienza aquí

AMADO DIOS,

Estoy agradecida por...

Mis preocupaciones...

PERSONAS POR LAS QUE ESTOY ORANDO...

ESTO ES LO QUE ESTÁ SUCEDIENDO EN MI VIDA...

Mis necesidades...

Otras cosas que necesito compartir contigo, Dios...

Amén.

¡Gracias, Dios, por escuchar mis oraciones!

Por eso, desde el día en que lo supimos, no hemos dejado de orar por ustedes. Pedimos que Dios les haga conocer plenamente su voluntad con toda sabiduría y comprensión espiritual.

COLOSENSES 1:9

Fecha:

Comienza aquí

AMADO DIOS,

Estoy agradecida por...

Mis preocupaciones...

PERSONAS POR LAS QUE ESTOY ORANDO...

ESTO ES LO QUE ESTÁ SUCEDIENDO EN MI VIDA...

Mis necesidades...

Otras cosas que necesito compartir contigo, Dios...

"

"

Amén.

¡Gracias, Dios, por escuchar mis oraciones!

Te bendeciré mientras viva
y alzando mis manos te invocaré.

SALMOS 63:4

Fecha:

Comienza aquí

AMADO DIOS,

Estoy agradecida por...

Mis preocupaciones...

PERSONAS POR LAS QUE ESTOY ORANDO...

ESTO ES LO QUE ESTÁ SUCEDIENDO EN MI VIDA...

Mis necesidades...

Otras cosas que necesito compartir contigo, Dios...

“ ”

Amén.

¡Gracias, Dios, por escuchar mis oraciones!

Padre nuestro que estás en el cielo,
que sea siempre santo tu nombre.

Mateo 6:9 NTV

Fecha:

Comienza aquí

AMADO DIOS,

Estoy agradecida por...

Mis preocupaciones...

PERSONAS POR LAS QUE ESTOY ORANDO...

ESTO ES LO QUE ESTÁ SUCEDIENDO EN MI VIDA...

Mis necesidades...

Otras cosas que necesito compartir contigo, Dios...

Amén.

¡Gracias, Dios, por escuchar mis oraciones!

Con este fin también nosotros oramos siempre por ustedes, para que nuestro Dios los considere dignos de su llamamiento y cumpla todo deseo de bondad y la obra de fe con poder.

2 Tesalonicenses 1:11 NBLA

Fecha:

Comienza aquí

AMADO DIOS,

Estoy agradecida por...

Mis preocupaciones...

PERSONAS POR LAS QUE ESTOY ORANDO...

ESTO ES LO QUE ESTÁ SUCEDIENDO EN MI VIDA...

Mis necesidades...

Otras cosas que necesito compartir contigo, Dios...

“ ”

Amén.

¡Gracias, Dios, por escuchar mis oraciones!

En cuanto oro, tú me respondes;
me alientas al darme fuerza.

SALMOS 138:3 NTV

Fecha:

Comienza aquí

AMADO DIOS,

Estoy agradecida por...

Mis preocupaciones...

PERSONAS POR LAS QUE ESTOY ORANDO...

ESTO ES LO QUE ESTÁ SUCEDIENDO EN MI VIDA...

Mis necesidades...

Otras cosas que necesito compartir contigo, Dios...

Amén.

¡Gracias, Dios, por escuchar mis oraciones!

Confía en el Señor *con todo tu corazón; no dependas de tu propio entendimiento.*

Proverbios 3:5 NTV

Fecha:

Comienza aquí

AMADO DIOS,

Estoy agradecida por...

Mis preocupaciones...

PERSONAS POR LAS QUE ESTOY ORANDO...

ESTO ES LO QUE ESTÁ SUCEDIENDO EN MI VIDA...

Mis necesidades...

Otras cosas que necesito compartir contigo, Dios...

Amén.

¡Gracias, Dios, por escuchar mis oraciones!

Busqué a Jehová, y él me oyó,
Y me libró de todos mis temores.

SALMOS 34:4 RVR1960

Fecha: Comienza aquí

AMADO DIOS,

Estoy agradecida por...

Mis preocupaciones...

PERSONAS POR LAS QUE ESTOY ORANDO...

ESTO ES LO QUE ESTÁ SUCEDIENDO EN MI VIDA...

Mis necesidades...

Otras cosas que necesito compartir contigo, Dios...

Amén.

¡Gracias, Dios, por escuchar mis oraciones!

Deseo que en cada lugar de adoración los hombres oren con manos santas, levantadas a Dios, y libres de enojo y controversia.

1 TIMOTEO 2:8 NTV

Fecha:

Comienza aquí

AMADO DIOS,

Estoy agradecida por...

Mis preocupaciones...

PERSONAS POR LAS QUE ESTOY ORANDO...

ESTO ES LO QUE ESTÁ SUCEDIENDO EN MI VIDA...

Mis necesidades...

Otras cosas que necesito compartir contigo, Dios...

“

”

Amén.

¡Gracias, Dios, por escuchar mis oraciones!

Les digo, ustedes pueden orar por cualquier cosa y si creen que la han recibido, será suya.

MARCOS 11:24 NTV

Fecha:

Comienza aquí

AMADO DIOS,

Estoy agradecida por...

Mis preocupaciones...

PERSONAS POR LAS QUE ESTOY ORANDO...

ESTO ES LO QUE ESTÁ SUCEDIENDO EN MI VIDA...

Mis necesidades...

Otras cosas que necesito compartir contigo, Dios...

Amén.

¡Gracias, Dios, por escuchar mis oraciones!

¿Alguno de ustedes está pasando por dificultades? Que ore. ¿Alguno está feliz? Que cante alabanzas.

SANTIAGO 5:13 NTV

Fecha:

Comienza aquí

AMADO DIOS,

Estoy agradecida por...

Mis preocupaciones...

PERSONAS POR LAS QUE ESTOY ORANDO...

ESTO ES LO QUE ESTÁ SUCEDIENDO EN MI VIDA...

Mis necesidades...

Otras cosas que necesito compartir contigo, Dios...

“

”

Amén.

¡Gracias, Dios, por escuchar mis oraciones!

Entonces oro a ti, oh Señor,
y digo: «Tú eres mi lugar de refugio.
En verdad, eres todo lo que quiero en la vida.

SALMOS 142:5 NTV

Fecha:

Comienza aquí

AMADO DIOS,

Estoy agradecida por...

Mis preacupaciones...

PERSONAS POR LAS QUE ESTOY ORANDO...

ESTO ES LO QUE ESTÁ SUCEDIENDO EN MI VIDA...

Mis necesidades...

Otras cosas que necesito compartir contigo, Dios...

Amén.

¡Gracias, Dios, por escuchar mis oraciones!

Recuerden que el Padre celestial, a quien ustedes oran, no tiene favoritos.

1 PEDRO 1:17 NTV

Fecha:

Comienza aquí

AMADO DIOS,

Estoy agradecida por...

Mis preocupaciones...

PERSONAS POR LAS QUE ESTOY ORANDO...

ESTO ES LO QUE ESTÁ SUCEDIENDO EN MI VIDA...

Mis necesidades...

Otras cosas que necesito compartir contigo, Dios...

Amén.

¡Gracias, Dios, por escuchar mis oraciones!

Pues, si somos fieles hasta el fin, confiando en Dios con la misma firmeza que teníamos al principio.

HEBREOS 3:14 NTV

Fecha:

Comienza aquí

AMADO DIOS,

Estoy agradecida por...

Mis preocupaciones...

PERSONAS POR LAS QUE ESTOY ORANDO...

ESTO ES LO QUE ESTÁ SUCEDIENDO EN MI VIDA...

Mis necesidades...

Otras cosas que necesito compartir contigo, Dios...

Amén.

¡Gracias, Dios, por escuchar mis oraciones!

El Señor detesta el sacrificio de los perversos, pero se deleita con las oraciones de los íntegros.

Proverbios 15:8 NTV

Fecha:

Comienza aquí

AMADO DIOS,

Estoy agradecida por...

Mis preocupaciones...

PERSONAS POR LAS QUE ESTOY ORANDO...

ESTO ES LO QUE ESTÁ SUCEDIENDO EN MI VIDA...

Mis necesidades...

Otras cosas que necesito compartir contigo, Dios...

Amén.

¡Gracias, Dios, por escuchar mis oraciones!

Pero ustedes, queridos amigos, deben edificarse unos a otros en su más santísima fe, orar en el poder del Espíritu Santo.

JUDAS 1:20 NTV

Fecha:

Comienza aquí

AMADO DIOS,

Estoy agradecida por...

Mis preocupaciones...

PERSONAS POR LAS QUE ESTOY ORANDO...

ESTO ES LO QUE ESTÁ SUCEDIENDO EN MI VIDA...

Mis necesidades...

Otras cosas que necesito compartir contigo, Dios...

"

"

Amén.

¡Gracias, Dios, por escuchar mis oraciones!

Bendigan a quienes los persiguen.
No los maldigan, sino pídanle a Dios
en oración que los bendiga.

ROMANOS 12:14 NTV

Fecha:

Comienza aquí

AMADO DIOS,

Estoy agradecida por...

Mis preocupaciones...

PERSONAS POR LAS QUE ESTOY ORANDO...

ESTO ES LO QUE ESTÁ SUCEDIENDO EN MI VIDA...

Mis necesidades...

Otras cosas que necesito compartir contigo, Dios...

Amén.

¡Gracias, Dios, por escuchar mis oraciones!

El Señor ha escuchado mi ruego;
el Señor responderá a mi oración.

Salmos 6:9 NTV

Fecha: Comienza aquí

AMADO DIOS,

Estoy agradecida por...

Mis preocupaciones...

PERSONAS POR LAS QUE ESTOY ORANDO...

ESTO ES LO QUE ESTÁ SUCEDIENDO EN MI VIDA...

Mis necesidades...

Otras cosas que necesito compartir contigo, Dios...

Amén.

¡Gracias, Dios, por escuchar mis oraciones!

Se puede confiar en que Dios cumplirá su promesa.

HEBREOS 10:23 NTV

Fecha:

Comienza aquí

AMADO DIOS,

Estoy agradecida por...

Mis preocupaciones...

PERSONAS POR LAS QUE ESTOY ORANDO...

ESTO ES LO QUE ESTÁ SUCEDIENDO EN MI VIDA...

Mis necesidades...

Otras cosas que necesito compartir contigo, Dios...

Amén.

¡Gracias, Dios, por escuchar mis oraciones!

Sin embargo, todavía te pertenezco;
me tomas de la mano derecha.

SALMOS 73:27 NTV

Fecha:

Comienza aquí

AMADO DIOS,

Estoy agradecida por...

Mis preocupaciones...

PERSONAS POR LAS QUE ESTOY ORANDO...

ESTO ES LO QUE ESTÁ SUCEDIENDO EN MI VIDA...

Mis necesidades...

Otras cosas que necesito compartir contigo, Dios...

Amén.

¡Gracias, Dios, por escuchar mis oraciones!

Que tu gran amor, Señor, *nos acompañe, tal como lo esperamos de ti.*

Salmos 33:22

Fecha:

Comienza aquí

AMADO DIOS,

Estoy agradecida por...

Mis preocupaciones...

PERSONAS POR LAS QUE ESTOY ORANDO...

ESTO ES LO QUE ESTÁ SUCEDIENDO EN MI VIDA...

Mis necesidades...

Otras cosas que necesito compartir contigo, Dios...

"

"

Amén.

¡Gracias, Dios, por escuchar mis oraciones!

Ora de ese modo por los reyes y por todos los que están en autoridad, para que podamos tener una vida pacífica y tranquila.

1 Timoteo 2:2 NTV

Fecha:

Comienza aquí

AMADO DIOS,

Estoy agradecida por...

Mis preocupaciones...

PERSONAS POR LAS QUE ESTOY ORANDO...

ESTO ES LO QUE ESTÁ SUCEDIENDO EN MI VIDA...

Mis necesidades...

Otras cosas que necesito compartir contigo, Dios...

“

”

Amén.

¡Gracias, Dios, por escuchar mis oraciones!

Tú, Soberano Señor, has sido mi esperanza.

Salmos 71:5

Fecha:

Comienza aquí

AMADO DIOS,

Estoy agradecida por...

Mis preocupaciones...

PERSONAS POR LAS QUE ESTOY ORANDO...

ESTO ES LO QUE ESTÁ SUCEDIENDO EN MI VIDA...

Mis necesidades...

Otras cosas que necesito compartir contigo, Dios...

Amén.

¡Gracias, Dios, por escuchar mis oraciones!

Los ojos del Señor están sobre los que hacen lo bueno, y sus oídos están abiertos a sus oraciones.

1 Pedro 3:12 NTV

Fecha:

Comienza aquí

AMADO DIOS,

Estoy agradecida por...

Mis preocupaciones...

PERSONAS POR LAS QUE ESTOY ORANDO...

ESTO ES LO QUE ESTÁ SUCEDIENDO EN MI VIDA...

Mis necesidades...

Otras cosas que necesito compartir contigo, Dios...

“

”

Amén.

¡Gracias, Dios, por escuchar mis oraciones!

Pero tú, cuando ores, apártate a solas, cierra la puerta detrás de ti y ora a tu Padre en privado. Entonces, tu Padre, quien todo lo ve, te recompensará.

MATEO 6:6 NTV

Fecha:

Comienza aquí

AMADO DIOS,

Estoy agradecida por...

Mis preocupaciones...

PERSONAS POR LAS QUE ESTOY ORANDO...

ESTO ES LO QUE ESTÁ SUCEDIENDO EN MI VIDA...

Mis necesidades...

Otras cosas que necesito compartir contigo, Dios...

“

”

Amén.

¡Gracias, Dios, por escuchar mis oraciones!

Manténganse sobrios y con la mente despejada.

1 PEDRO 4:7

Fecha:

Comienza aquí

AMADO DIOS,

Estoy agradecida por...

Mis preocupaciones...

PERSONAS POR LAS QUE ESTOY ORANDO...

ESTO ES LO QUE ESTÁ SUCEDIENDO EN MI VIDA...

Mis necesidades...

Otras cosas que necesito compartir contigo, Dios...

Amén.

¡Gracias, Dios, por escuchar mis oraciones!

¡Aleluya! Alaba, alma mía, al Señor.
Alabaré al Señor toda mi vida;
mientras haya aliento en mí,
cantaré salmos a mi Dios.

Salmos 146:1–2

Fecha:

Comienza aquí

AMADO DIOS,

Estoy agradecida por...

Mis preocupaciones...

PERSONAS POR LAS QUE ESTOY ORANDO...

ESTO ES LO QUE ESTÁ SUCEDIENDO EN MI VIDA...

Mis necesidades...

Otras cosas que necesito compartir contigo, Dios...

“ ”

Amén.

¡Gracias, Dios, por escuchar mis oraciones!

Cuando mi mente se llenó de dudas,
tu consuelo renovó mi esperanza y mi alegría.

SALMOS 94:19 NTV

Fecha:

Comienza aquí

AMADO DIOS,

Estoy agradecida por...

Mis preocupaciones...

PERSONAS POR LAS QUE ESTOY ORANDO...

ESTO ES LO QUE ESTÁ SUCEDIENDO EN MI VIDA...

Mis necesidades...

Otras cosas que necesito compartir contigo, Dios...

Amén.

¡Gracias, Dios, por escuchar mis oraciones!

Yo cuento con el Señor;
sí, cuento con él.
En su palabra he puesto mi esperanza.

Salmos 130:5 NTV

Fecha:

Comienza aquí

AMADO DIOS,

Estoy agradecida por...

Mis preocupaciones...

PERSONAS POR LAS QUE ESTOY ORANDO...

ESTO ES LO QUE ESTÁ SUCEDIENDO EN MI VIDA...

Mis necesidades...

Otras cosas que necesito compartir contigo, Dios...

Amén.

¡Gracias, Dios, por escuchar mis oraciones!

«Todo el que confíe en él jamás será avergonzado».

ROMANOS 10:11 NTV

Fecha:

Comienza aquí

AMADO DIOS,

Estoy agradecida por...

Mis preocupaciones...

PERSONAS POR LAS QUE ESTOY ORANDO...

ESTO ES LO QUE ESTÁ SUCEDIENDO EN MI VIDA...

Mis necesidades...

Otras cosas que necesito compartir contigo, Dios...

Amén.

¡Gracias, Dios, por escuchar mis oraciones!

Las esperanzas del justo traen felicidad.

PROVERBIOS 10:28 NTV

Fecha:

Comienza aquí

AMADO DIOS,

Estoy agradecida por...

Mis preocupaciones...

PERSONAS POR LAS QUE ESTOY ORANDO...

ESTO ES LO QUE ESTÁ SUCEDIENDO EN MI VIDA...

Mis necesidades...

Otras cosas que necesito compartir contigo, Dios...

Amén.

¡Gracias, Dios, por escuchar mis oraciones!

Dios, a quien sirvo de corazón predicando el evangelio de su Hijo, me es testigo de que los recuerdo a ustedes sin cesar.

ROMANOS 1:9

Fecha:

Comienza aquí

AMADO DIOS,

Estoy agradecida por...

Mis preocupaciones...

PERSONAS POR LAS QUE ESTOY ORANDO...

ESTO ES LO QUE ESTÁ SUCEDIENDO EN MI VIDA...

Mis necesidades...

Otras cosas que necesito compartir contigo, Dios...

"

"

Amén.

¡Gracias, Dios, por escuchar mis oraciones!

Amo tus enseñanzas.

SALMOS 119:113 NTV

Fecha:

Comienza aquí

AMADO DIOS,

Estoy agradecida por...

Mis preocupaciones...

PERSONAS POR LAS QUE ESTOY ORANDO...

ESTO ES LO QUE ESTÁ SUCEDIENDO EN MI VIDA...

Mis necesidades...

Otras cosas que necesito compartir contigo, Dios...

"

"

Amén.

¡Gracias, Dios, por escuchar mis oraciones!

Quédate quieto en la presencia del S*EÑOR*,
y espera con paciencia a que él actúe.

SALMOS 37:7 NTV

Fecha:

Comienza aquí

AMADO DIOS,

Estoy agradecida por...

Mis preocupaciones...

PERSONAS POR LAS QUE ESTOY ORANDO...

ESTO ES LO QUE ESTÁ SUCEDIENDO EN MI VIDA...

Mis necesidades...

Otras cosas que necesito compartir contigo, Dios...

Amén.

¡Gracias, Dios, por escuchar mis oraciones!

¡Te daré gracias porque me respondiste, porque eres mi salvación!

SALMOS 118:21

Fecha:

Comienza aquí

AMADO DIOS,

Estoy agradecida por...

Mis preocupaciones...

PERSONAS POR LAS QUE ESTOY ORANDO...

ESTO ES LO QUE ESTÁ SUCEDIENDO EN MI VIDA...

Mis necesidades...

Otras cosas que necesito compartir contigo, Dios...

Amén.

¡Gracias, Dios, por escuchar mis oraciones!

Pido que les inunde de luz el corazón, para que puedan entender la esperanza segura que él ha dado a los que llamó —es decir, su pueblo santo—, quienes son su rica y gloriosa herencia.

Efesios 1:18 NTV

Fecha:

Comienza aquí

AMADO DIOS,

Estoy agradecida por...

Mis preocupaciones...

PERSONAS POR LAS QUE ESTOY ORANDO...

ESTO ES LO QUE ESTÁ SUCEDIENDO EN MI VIDA...

Mis necesidades...

Otras cosas que necesito compartir contigo, Dios...

“

”

Amén.

¡Gracias, Dios, por escuchar mis oraciones!

Responde a mi clamor, Dios de mi justicia.

SALMOS 4:1

Fecha:

Comienza aquí

AMADO DIOS,

Estoy agradecida por...

Mis preocupaciones...

PERSONAS POR LAS QUE ESTOY ORANDO...

ESTO ES LO QUE ESTÁ SUCEDIENDO EN MI VIDA...

Mis necesidades...

Otras cosas que necesito compartir contigo, Dios...

Amén.

¡Gracias, Dios, por escuchar mis oraciones!

Cada vez que pienso en ustedes, le doy gracias a mi Dios.

FILIPENSES 1:3 NTV

Fecha:

Comienza aquí

AMADO DIOS,

Estoy agradecida por...

Mis preocupaciones...

PERSONAS POR LAS QUE ESTOY ORANDO...

ESTO ES LO QUE ESTÁ SUCEDIENDO EN MI VIDA...

Mis necesidades...

Otras cosas que necesito compartir contigo, Dios...

Amén.

¡Gracias, Dios, por escuchar mis oraciones!

Oren sin cesar.

1 Tesalonicenses 5:17